# CARNET DE SANTÉ

# CHAT

SUIVI DE LA CROISSANCE – POIDS – VISITES CHEZ LE VÉTÉRINAIRE – ÂGE – TRAITEMENTS

# Ma plus belle photo

Prénom : _______________________________

Race : _________________________________

Date de naissance : ____________________

Groupe sanguin : _______________________

Allergies : ____________________________

Numéro Puce : __________________________

# Ma famille

Nom: _______________________

Prénom: _______________________

Adresse : _______________________

_______________________

Tél : _______________________

Vétérinaire : _______________________

# Courbe de poids

de 0 à 12 mois

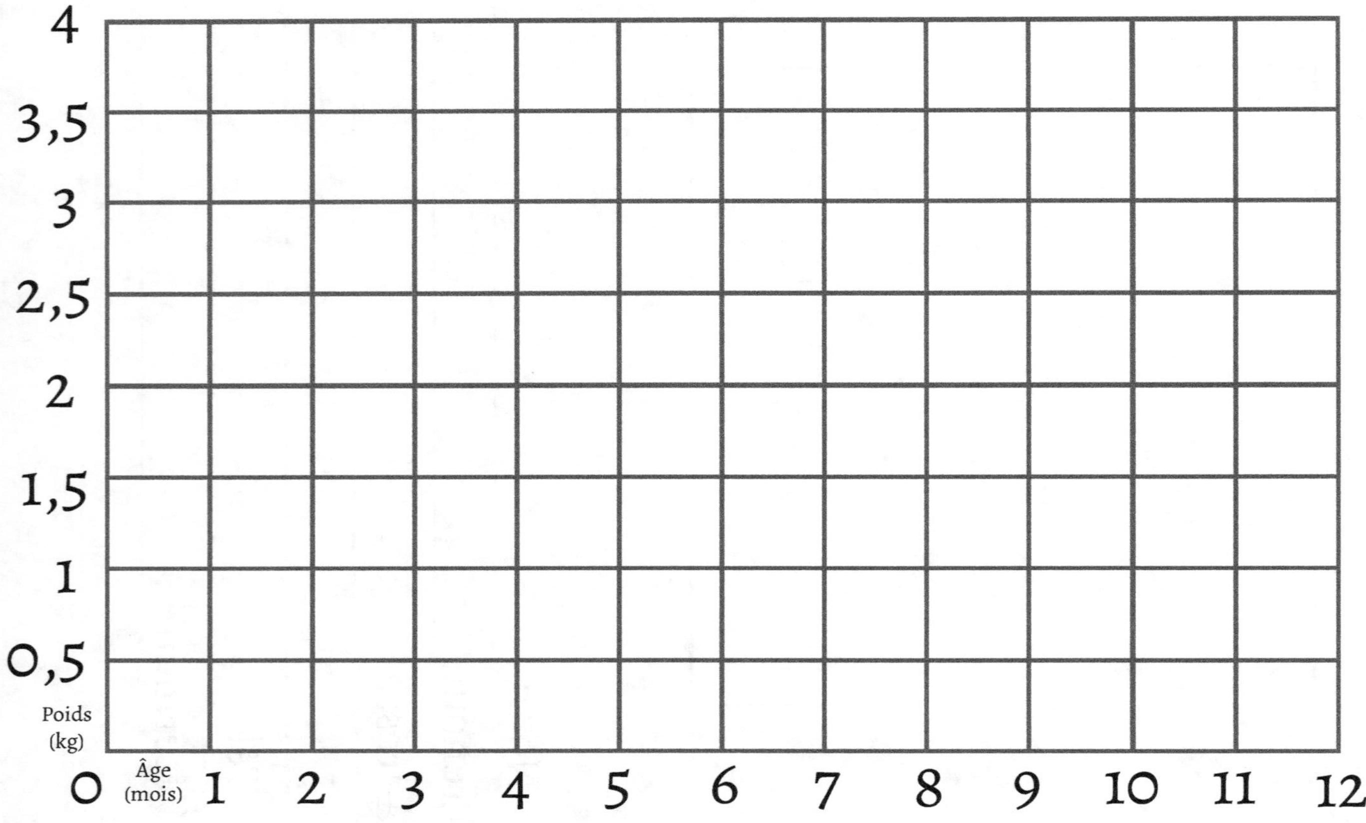

# Courbe de poids

de 1 à 14 ans

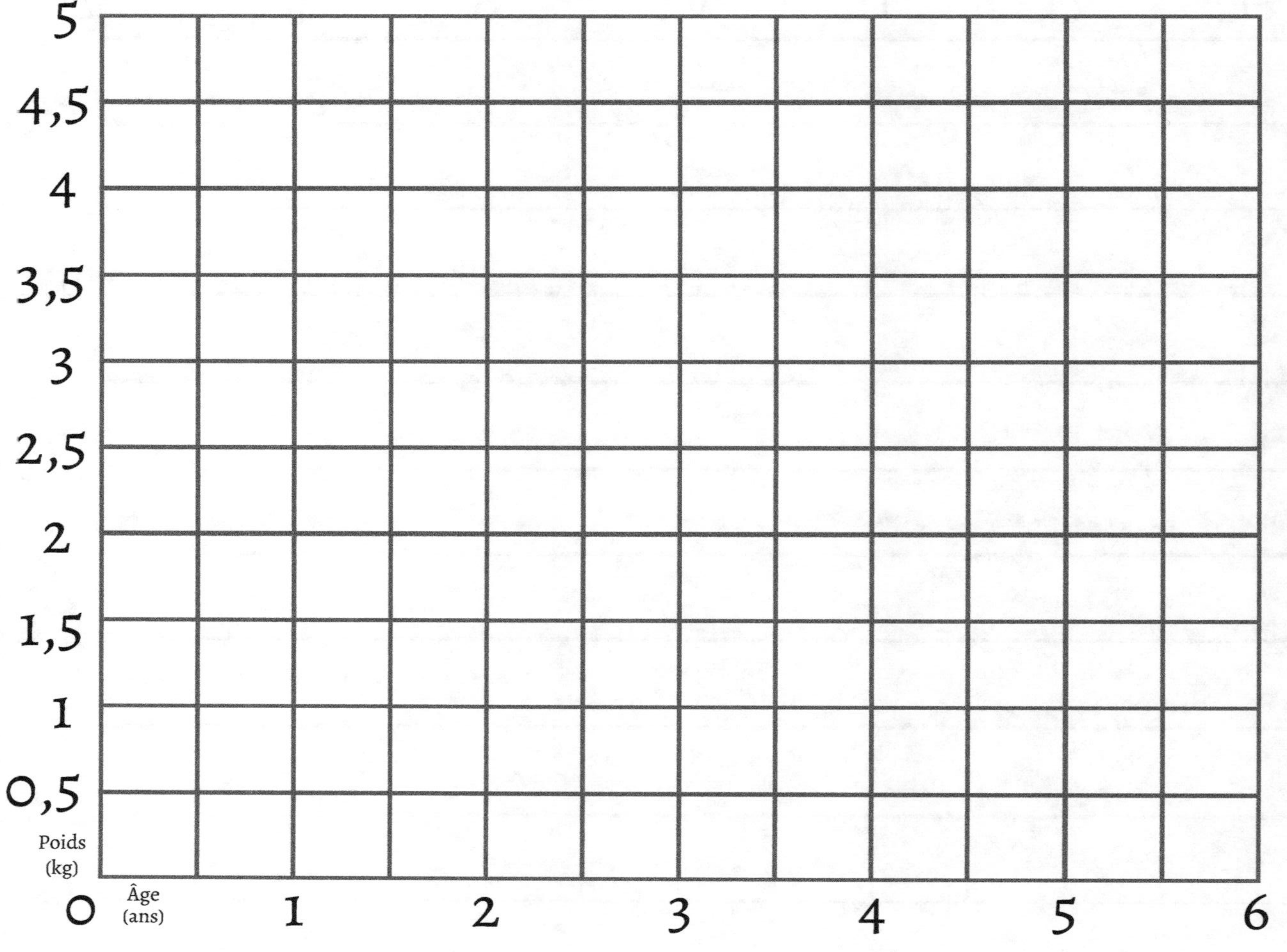

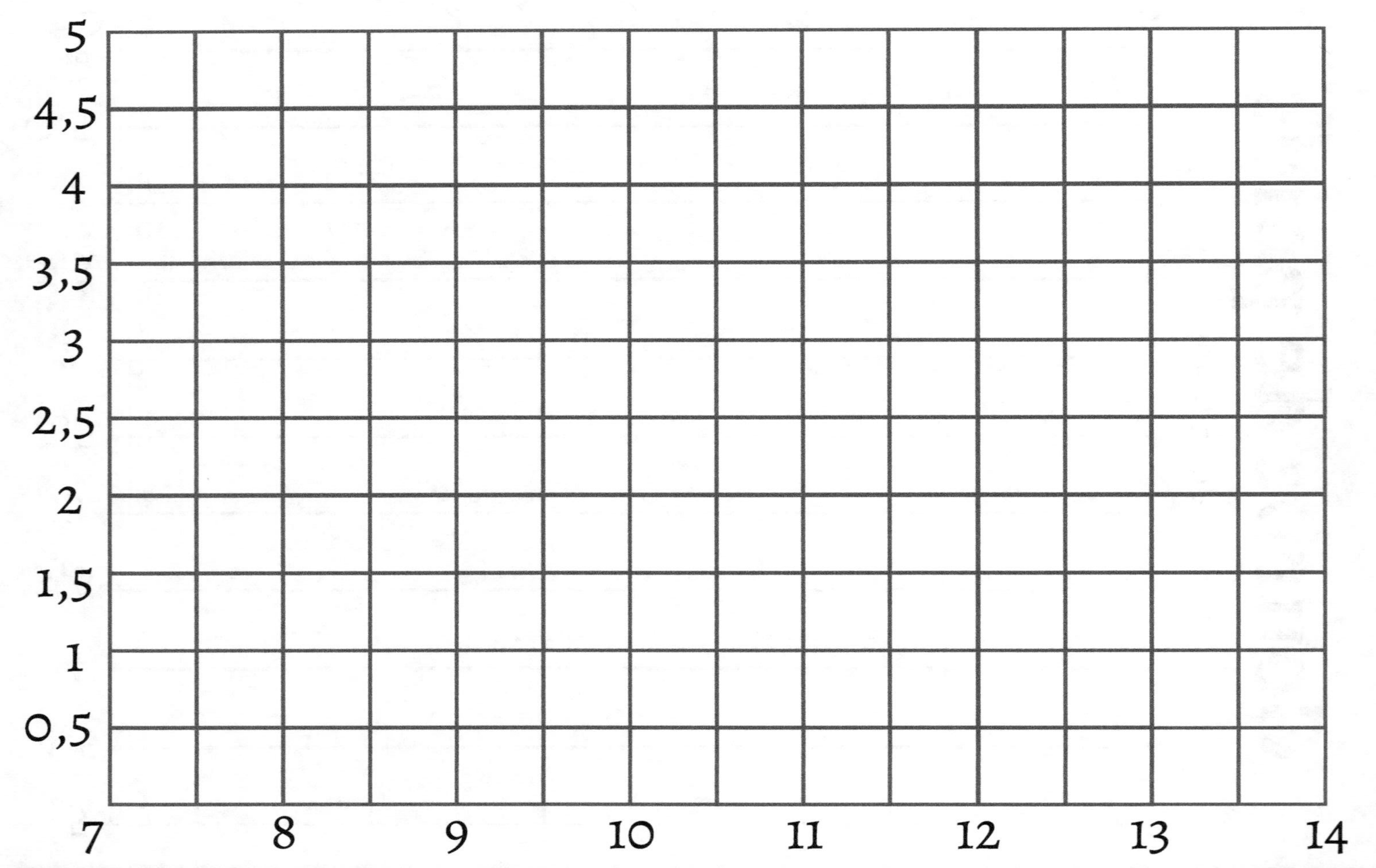

5
4,5
4
3,5
3
2,5
2
1,5
1
0,5
7 8 9 10 11 12 13 14

# Suivi des vaccinations

| Date | Vaccin | Vétérinaire | Prochain vaccin |
| --- | --- | --- | --- |
|  |  |  |  |
|  |  |  |  |
|  |  |  |  |
|  |  |  |  |
|  |  |  |  |
|  |  |  |  |
|  |  |  |  |
|  |  |  |  |
|  |  |  |  |
|  |  |  |  |
|  |  |  |  |
|  |  |  |  |
|  |  |  |  |
|  |  |  |  |
|  |  |  |  |

# Consultation vétérinaire

Date : _________________  Âge : ______  Visite N°____

Type de la visite    ☐ Urgence    ☐ Routine

| Raison de la visite |
| --- |
|  |

Niveau de stress de mon chat : ______ /10

Nom du vétérinaire : _______________________

Prescription d'un traitement :  ☐ Oui    ☐ Non

| (Si oui) description du traitement |
| --- |

________________________________________

________________________________________

________________________________________

Durée du traitement : ____ j  Du____ / ____ au ____ / ____

| Conseil(s) vétérinaire |
| --- |
|  |

Notes complémentaires : _______________________

________________________________________

________________________________________

________________________________________

# Consultation vétérinaire

Date : _________________     Âge : ______  Visite N°____

Type de la visite        ☐ Urgence        ☐ Routine

### Raison de la visite

 Niveau de stress de mon chat : _____/10

Nom du vétérinaire : _______________________________

Prescription d'un traitement :  ☐ Oui     ☐ Non

### (Si oui) description du traitement

_______________________________________________

_______________________________________________

_______________________________________________

Durée du traitement : _____ j  Du ____ / ____ au ____ / ____

### Conseil(s) vétérinaire

Notes complémentaires : ____________________________

_______________________________________________

_______________________________________________

_______________________________________________

# Consultation vétérinaire

Date : _________________  Âge : _____  Visite N°____

Type de la visite  ☐ Urgence  ☐ Routine

| Raison de la visite |
| --- |
|  |

Niveau de stress de mon chat : _____ /10

Nom du vétérinaire : _________________________

Prescription d'un traitement :  ☐ Oui  ☐ Non

(Si oui) description du traitement

_______________________________________

_______________________________________

_______________________________________

Durée du traitement : _____ j | Du ____ / ____ au ____ / ____

| Conseil(s) vétérinaire |
| --- |
|  |

Notes complémentaires : _________________________

_______________________________________

_______________________________________

_______________________________________

# Consultation vétérinaire

Date : _________________________  Âge : ______  Visite N°______

Type de la visite        ☐ Urgence        ☐ Routine

Raison de la visite

 Niveau de stress de mon chat : ______ /10

Nom du vétérinaire : _________________________________

Prescription d'un traitement :  ☐ Oui    ☐ Non

(Si oui) description du traitement

_______________________________________________

_______________________________________________

_______________________________________________

Durée du traitement : ______ j  Du ____ / ____ au ____ / ____

Conseil(s) vétérinaire

Notes complémentaires : _______________________________

_______________________________________________

_______________________________________________

_______________________________________________

# Consultation vétérinaire

Date : _________________   Âge : ______   Visite N°____

Type de la visite      ☐ Urgence      ☐ Routine

| Raison de la visite |
|---|
|  |

Niveau de stress de mon chat : _____ /10

Nom du vétérinaire : ___________________________

Prescription d'un traitement :   ☐ Oui    ☐ Non

| (Si oui) description du traitement |
|---|

_______________________________________________

_______________________________________________

_______________________________________________

Durée du traitement :      j   Du____ / ____ au ____ / ____

| Conseil(s) vétérinaire |
|---|
|  |

Notes complémentaires : _________________________

_______________________________________________

_______________________________________________

_______________________________________________

# Consultation vétérinaire

Date : _________________ Âge : _____ Visite N°____

Type de la visite    ☐ Urgence    ☐ Routine

Raison de la visite

Niveau de stress de mon chat : _____/10

Nom du vétérinaire : _________________________

Prescription d'un traitement :  ☐ Oui   ☐ Non

(Si oui) description du traitement

_______________________________________________

_______________________________________________

_______________________________________________

Durée du traitement : _____ j | Du____ / ____ au ____ / ____

Conseil(s) vétérinaire

Notes complémentaires : _______________________

_______________________________________________

_______________________________________________

_______________________________________________

# Consultation vétérinaire

Date : _________________ Âge : _____ Visite N°____

Type de la visite     □ Urgence     □ Routine

| Raison de la visite |
| --- |
| |

Niveau de stress de mon chat : _____ /10

Nom du vétérinaire : _________________________

Prescription d'un traitement :  □ Oui    □ Non

| (Si oui) description du traitement |
| --- |

_______________________________________

_______________________________________

_______________________________________

| Durée du traitement : ____ j | Du ___ / ___ au ___ / ___ |
| --- | --- |

| Conseil(s) vétérinaire |
| --- |
| |

Notes complémentaires : _______________________

_______________________________________

_______________________________________

_______________________________________

# Consultation vétérinaire

Date : _______________ Âge : _____ Visite N°____

Type de la visite　　□ Urgence　　□ Routine

| Raison de la visite |
| --- |
|  |

Niveau de stress de mon chat : _____ /10

Nom du vétérinaire : _______________

Prescription d'un traitement :　□ Oui　　□ Non

(Si oui) description du traitement

_______________________________________

_______________________________________

_______________________________________

Durée du traitement : _____ j Du____ / ____ au ____ /

| Conseil(s) vétérinaire |
| --- |
|  |

Notes complémentaires : _______________

_______________________________________

_______________________________________

# Consultation vétérinaire

Date : _________________  Âge : _____  Visite N°____

Type de la visite     ☐ Urgence     ☐ Routine

## Raison de la visite

Niveau de stress de mon chat : _____ /10

Nom du vétérinaire : _______________________

Prescription d'un traitement :  ☐ Oui     ☐ Non

(Si oui) description du traitement

_______________________________________

_______________________________________

_______________________________________

| Durée du traitement : ____ j | Du ____ / ____ au ____ / ____ |

## Conseil(s) vétérinaire

Notes complémentaires : _______________________

_______________________________________

_______________________________________

_______________________________________

# Consultation vétérinaire

Date : _________________  Âge : _______  Visite N° _____

Type de la visite    ☐ Urgence    ☐ Routine

### Raison de la visite

Niveau de stress de mon chat : _____ /10

Nom du vétérinaire : _________________________

Prescription d'un traitement :  ☐ Oui    ☐ Non

**(Si oui) description du traitement**

_________________________________________

_________________________________________

_________________________________________

Durée du traitement :     j  Du _____ / _____ au _____ / _____

### Conseil(s) vétérinaire

Notes complémentaires : _________________________

_________________________________________

_________________________________________

# Consultation vétérinaire

Date : _________________  Âge : _____  Visite N°____

Type de la visite     ☐ Urgence     ☐ Routine

| Raison de la visite |
| --- |
|  |

 Niveau de stress de mon chat : _____ /10

Nom du vétérinaire : _______________________

Prescription d'un traitement :  ☐ Oui    ☐ Non

| (Si oui) description du traitement |
| --- |

_______________________________________

_______________________________________

_______________________________________

| Durée du traitement :        j | Du____ / ____ au ____ / ____ |
| --- | --- |

| Conseil(s) vétérinaire |
| --- |
|  |

Notes complémentaires : _______________________

_______________________________________

_______________________________________

_______________________________________

# Consultation vétérinaire

Date : _________________________     Âge : _______     Visite N° _____

Type de la visite      ☐ Urgence      ☐ Routine

### Raison de la visite


Niveau de stress de mon chat : _______ /10

Nom du vétérinaire : _________________________________

Prescription d'un traitement :  ☐ Oui   ☐ Non

### (Si oui) description du traitement

_______________________________________________

_______________________________________________

_______________________________________________

Durée du traitement : _______ j  Du _____ / _____ au _____ / _____

### Conseil(s) vétérinaire


Notes complémentaires : _______________________________

_______________________________________________

_______________________________________________

_______________________________________________

# Consultation vétérinaire

Date : _________________  Âge : _____  Visite N°____

Type de la visite  ☐ Urgence  ☐ Routine

### Raison de la visite

Niveau de stress de mon chat : _____ /10

Nom du vétérinaire : _________________________

Prescription d'un traitement :  ☐ Oui  ☐ Non

(Si oui) description du traitement

_______________________________________

_______________________________________

_______________________________________

Durée du traitement : _____ j  Du ____ / ____ au ____ /

### Conseil(s) vétérinaire

Notes complémentaires : _________________________

_______________________________________

_______________________________________

_______________________________________

# Consultation vétérinaire

Date : _________________________  Âge : ______  Visite N°______

Type de la visite     ☐ Urgence     ☐ Routine

### Raison de la visite

Niveau de stress de mon chat : ______ /10

Nom du vétérinaire : ________________________________

Prescription d'un traitement :  ☐ Oui     ☐ Non

(Si oui) description du traitement

________________________________________

________________________________________

________________________________________

Durée du traitement : ______ j  Du____ / ____ au ____ / ____

### Conseil(s) vétérinaire

Notes complémentaires : ________________________

________________________________________

________________________________________

________________________________________

# Consultation vétérinaire

Date : _______________________     Âge : ______   Visite N°____

Type de la visite     ☐ Urgence     ☐ Routine

### Raison de la visite

Niveau de stress de mon chat : _____ /10

Nom du vétérinaire : _______________________

Prescription d'un traitement :   ☐ Oui     ☐ Non

(Si oui) description du traitement

_______________________________________

_______________________________________

_______________________________________

Durée du traitement :        j | Du ____ / ____ au ____ / ____

### Conseil(s) vétérinaire

Notes complémentaires : _______________________

_______________________________________

_______________________________________

_______________________________________

# Consultation vétérinaire

Date : _______________   Âge : ______   Visite N° _____

Type de la visite     ☐ Urgence     ☐ Routine

Raison de la visite

Niveau de stress de mon chat : _____ /10

Nom du vétérinaire : _________________________

Prescription d'un traitement :  ☐ Oui     ☐ Non

(Si oui) description du traitement

_________________________________________

_________________________________________

_________________________________________

Durée du traitement :      j  Du ____ / ____ au ____ / ____

Conseil(s) vétérinaire

Notes complémentaires : _________________________

_________________________________________

_________________________________________

_________________________________________

# Consultation vétérinaire

Date : _________________  Âge : _____  Visite N°____

Type de la visite     ☐ Urgence     ☐ Routine

Raison de la visite

Niveau de stress de mon chat : _____ /10

Nom du vétérinaire : _______________________

Prescription d'un traitement :  ☐ Oui     ☐ Non

(Si oui) description du traitement

___________________________________

___________________________________

___________________________________

Durée du traitement : _____ j | Du ____ / ____ au ____ / ____

Conseil(s) vétérinaire

Notes complémentaires : _______________________

___________________________________

___________________________________

___________________________________

# Consultation vétérinaire

Date : _________________________  Âge : _______  Visite N°_____

Type de la visite      ☐ Urgence      ☐ Routine

Raison de la visite

Niveau de stress de mon chat : _____ /10

Nom du vétérinaire : _________________________

Prescription d'un traitement :  ☐ Oui      ☐ Non

(Si oui) description du traitement

_______________________________________________

_______________________________________________

_______________________________________________

Durée du traitement :        j | Du _____ / _____ au _____ / _____

Conseil(s) vétérinaire

Notes complémentaires : _________________________

_______________________________________________

_______________________________________________

_______________________________________________

# Consultation vétérinaire

Date : _________________ Âge : _____ Visite N°____

Type de la visite ☐ Urgence ☐ Routine

Raison de la visite

Niveau de stress de mon chat : _____ /10

Nom du vétérinaire : _______________________

Prescription d'un traitement : ☐ Oui ☐ Non

(Si oui) description du traitement

_______________________________________

_______________________________________

_______________________________________

Durée du traitement : ____ j Du ____ / ____ au ____ /

Conseil(s) vétérinaire

Notes complémentaires : _______________________

_______________________________________

_______________________________________

_______________________________________

# Consultation vétérinaire

Date : _________________________ Âge : ______ Visite N°____

Type de la visite ☐ Urgence ☐ Routine

Raison de la visite

Niveau de stress de mon chat : _____ /10

Nom du vétérinaire : _______________________________

Prescription d'un traitement : ☐ Oui ☐ Non

(Si oui) description du traitement

_______________________________________________

_______________________________________________

_______________________________________________

Durée du traitement : _____ j Du ____ / ____ au ____ / ____

Conseil(s) vétérinaire

Notes complémentaires : _______________________________

_______________________________________________

_______________________________________________

_______________________________________________

# Consultation vétérinaire

Date : _________________ Âge : _____ Visite N°____

Type de la visite    ☐ Urgence    ☐ Routine

### Raison de la visite

Niveau de stress de mon chat : _____ /10

Nom du vétérinaire : _____________________

Prescription d'un traitement : ☐ Oui    ☐ Non

> (Si oui) description du traitement

_______________________________________

_______________________________________

_______________________________________

| Durée du traitement :    j | Du ____ / au _____ / |

### Conseil(s) vétérinaire

Notes complémentaires : _____________________

_______________________________________

_______________________________________

_______________________________________

# Consultation vétérinaire

Date : ___________________  Âge : _____  Visite N°____

Type de la visite      ☐ Urgence      ☐ Routine

### Raison de la visite

 Niveau de stress de mon chat : _____ /10

Nom du vétérinaire : ___________________________

Prescription d'un traitement :  ☐ Oui    ☐ Non

| (Si oui) description du traitement |
| --- |

___________________________________________

___________________________________________

___________________________________________

| Durée du traitement : _____ j | Du _____ / _____ au _____ / _____ |
| --- | --- |

### Conseil(s) vétérinaire

Notes complémentaires : _____________________________

___________________________________________

___________________________________________

# Consultation vétérinaire

Date : _______________________     Âge : ______  Visite N°____

Type de la visite        ☐ Urgence        ☐ Routine

### Raison de la visite

Niveau de stress de mon chat : ______ /10

Nom du vétérinaire : _______________________

Prescription d'un traitement :  ☐ Oui    ☐ Non

(Si oui) description du traitement

_______________________________________________

_______________________________________________

_______________________________________________

Durée du traitement : ____ j  Du ____ / ____ au ____ / ____

### Conseil(s) vétérinaire

Notes complémentaires : _______________________

_______________________________________________

_______________________________________________

# Consultation vétérinaire

Date : _________________  Âge : _____  Visite N°_____

Type de la visite  □ Urgence  □ Routine

| Raison de la visite |
| --- |
| |

Niveau de stress de mon chat : _____ /10

Nom du vétérinaire : _________________________

Prescription d'un traitement :  □ Oui  □ Non

| (Si oui) description du traitement |
| --- |

_______________________________________

_______________________________________

_______________________________________

Durée du traitement : _____ j  Du ___ / ___ au ___ / ___

| Conseil(s) vétérinaire |
| --- |
| |

Notes complémentaires : _________________________

_______________________________________

_______________________________________

_______________________________________

# Consultation vétérinaire

Date : _________________ Âge : _____ Visite N°____

Type de la visite       ☐ Urgence       ☐ Routine

### Raison de la visite

Niveau de stress de mon chat : _____ /10

Nom du vétérinaire : _________________________

Prescription d'un traitement :  ☐ Oui    ☐ Non

| (Si oui) description du traitement |
| --- |

______________________________

______________________________

______________________________

Durée du traitement : _____ j Du____ / au ____ /

### Conseil(s) vétérinaire

Notes complémentaires : _____________________

______________________________

______________________________

______________________________

# Consultation vétérinaire

Date : _________________________ Âge : _______ Visite N°_______

Type de la visite        □ Urgence        □ Routine

| Raison de la visite |
| --- |
|  |

Niveau de stress de mon chat : _______ /10

Nom du vétérinaire : _________________________________

Prescription d'un traitement :  □ Oui    □ Non

| (Si oui) description du traitement |
| --- |

_________________________________________________

_________________________________________________

_________________________________________________

| Durée du traitement :        j | Du______ / ______ au ______ / ______ |
| --- | --- |

| Conseil(s) vétérinaire |
| --- |
|  |

Notes complémentaires : _________________________________

_________________________________________________

_________________________________________________

_________________________________________________

# Consultation vétérinaire

Date : _________________     Âge : ______   Visite N° ____

Type de la visite     ☐ Urgence     ☐ Routine

Raison de la visite

Niveau de stress de mon chat : _____ /10

Nom du vétérinaire : _______________________________

Prescription d'un traitement :  ☐ Oui    ☐ Non

(Si oui) description du traitement

_________________________________________________

_________________________________________________

_________________________________________________

Durée du traitement : _____ j | Du ____ / ____ au ____ / ____

Conseil(s) vétérinaire

Notes complémentaires : _____________________________

_________________________________________________

_________________________________________________

_________________________________________________

# Consultation vétérinaire

Date : _________________    Âge : _____    Visite N°____

Type de la visite    ☐ Urgence    ☐ Routine

### Raison de la visite

Niveau de stress de mon chat : _____ /10

Nom du vétérinaire : _________________________

Prescription d'un traitement :   ☐ Oui    ☐ Non

(Si oui) description du traitement

_____________________________________________

_____________________________________________

_____________________________________________

Durée du traitement : _____ j   Du ____ / ____ au ____ / ____

### Conseil(s) vétérinaire

Notes complémentaires : _______________________

_____________________________________________

_____________________________________________

_____________________________________________

# Consultation vétérinaire

Date : ________________  Âge : ______  Visite N°____

Type de la visite    ☐ Urgence    ☐ Routine

## Raison de la visite

Niveau de stress de mon chat : ______ /10

Nom du vétérinaire : ________________________________

Prescription d'un traitement :  ☐ Oui    ☐ Non

(Si oui) description du traitement

________________________________________________

________________________________________________

________________________________________________

Durée du traitement : ______ j  Du _____ / _____ au _____ /

## Conseil(s) vétérinaire

Notes complémentaires : ________________________________

________________________________________________

________________________________________________

# Consultation vétérinaire

Date : _________________ Âge : _____ Visite N°_____

Type de la visite      ☐ Urgence      ☐ Routine

### Raison de la visite

 Niveau de stress de mon chat : _____ /10

Nom du vétérinaire : _________________________

Prescription d'un traitement :   ☐ Oui     ☐ Non

(Si oui) description du traitement

_______________________________________

_______________________________________

_______________________________________

Durée du traitement :      j Du_____ / _____ au _____ /

### Conseil(s) vétérinaire

Notes complémentaires : _____________________

_______________________________________

_______________________________________

_______________________________________

# Consultation vétérinaire

Date : _________________ Âge : _____ Visite N°____

Type de la visite      ☐ Urgence      ☐ Routine

### Raison de la visite

Niveau de stress de mon chat : _____ /10

Nom du vétérinaire : _________________________

Prescription d'un traitement :  ☐ Oui    ☐ Non

| (Si oui) description du traitement |
| --- |

___________________________________________

___________________________________________

___________________________________________

Durée du traitement :      j Du____ / au ____ /

### Conseil(s) vétérinaire

Notes complémentaires : ____________________

___________________________________________

___________________________________________

___________________________________________

# Consultation vétérinaire

Date : _________________ Âge : _____ Visite N° _____

Type de la visite  ☐ Urgence  ☐ Routine

> ### Raison de la visite

 Niveau de stress de mon chat : _____ /10

Nom du vétérinaire : _________________________

Prescription d'un traitement :  ☐ Oui  ☐ Non

> (Si oui) description du traitement

_______________________________________

_______________________________________

_______________________________________

Durée du traitement : _____ j | Du _____ / _____ au _____ / _____

> ### Conseil(s) vétérinaire

Notes complémentaires : _________________________

_______________________________________

_______________________________________

_______________________________________

# Consultation vétérinaire

Date : _______________ Âge : _____ Visite N°____

Type de la visite ☐ Urgence ☐ Routine

Raison de la visite

Niveau de stress de mon chat : _____ /10

Nom du vétérinaire : _______________

Prescription d'un traitement : ☐ Oui ☐ Non

(Si oui) description du traitement

_______________

_______________

_______________

Durée du traitement : _____ j Du ____ / ____ au ____ / ____

Conseil(s) vétérinaire

Notes complémentaires : _______________

_______________

_______________

_______________

# Consultation vétérinaire

Date : ________________  Âge : ______ Visite N° ____

Type de la visite    ☐ Urgence    ☐ Routine

| Raison de la visite |
| --- |
|  |

Niveau de stress de mon chat : ______ /10

Nom du vétérinaire : ________________________

Prescription d'un traitement :  ☐ Oui    ☐ Non

| (Si oui) description du traitement |
| --- |

________________________________________

________________________________________

________________________________________

Durée du traitement : ____ j  Du ____ / ____ au ____ /

| Conseil(s) vétérinaire |
| --- |
|  |

Notes complémentaires : ________________________

________________________________________

________________________________________

________________________________________

# Consultation vétérinaire

Date : ________________     Âge : _____   Visite N°____

Type de la visite      ☐ Urgence      ☐ Routine

### Raison de la visite

Niveau de stress de mon chat : _____ /10

Nom du vétérinaire : ________________________

Prescription d'un traitement :  ☐ Oui    ☐ Non

(Si oui) description du traitement

_________________________________________

_________________________________________

_________________________________________

Durée du traitement : ______ j Du____ / ____ au ____ / ____

### Conseil(s) vétérinaire

Notes complémentaires : ____________________

_________________________________________

_________________________________________

_________________________________________

# Consultation vétérinaire

Date : __________________  Âge : ______  Visite N°_____

Type de la visite  ☐ Urgence  ☐ Routine

Raison de la visite

 Niveau de stress de mon chat : ______/10

Nom du vétérinaire : __________________________

Prescription d'un traitement :  ☐ Oui  ☐ Non

(Si oui) description du traitement

__________________________________________

__________________________________________

__________________________________________

Durée du traitement : ______ j  Du ______ / ______ au ______ /

Conseil(s) vétérinaire

Notes complémentaires : __________________________

__________________________________________

__________________________________________

__________________________________________

# Consultation vétérinaire

Date : _________________________ Âge : ______ Visite N°____

Type de la visite       ☐ Urgence       ☐ Routine

Raison de la visite



Niveau de stress de mon chat : _____ /10

Nom du vétérinaire : _______________________________

Prescription d'un traitement :  ☐ Oui    ☐ Non

(Si oui) description du traitement

_______________________________________________

_______________________________________________

_______________________________________________

Durée du traitement :     j | Du____ / ____ au ____ / ____

Conseil(s) vétérinaire



Notes complémentaires : _______________________________

_______________________________________________

_______________________________________________

_______________________________________________

# Consultation vétérinaire

Date : _________________ Âge : ______ Visite N°____

Type de la visite    ☐ Urgence    ☐ Routine

Raison de la visite

 Niveau de stress de mon chat : _____ /10

Nom du vétérinaire : _______________________

Prescription d'un traitement : ☐ Oui    ☐ Non

(Si oui) description du traitement

_________________________________________

_________________________________________

_________________________________________

Durée du traitement : _____ j Du ____ / ____ au ____ / ____

Conseil(s) vétérinaire

Notes complémentaires : _____________________

_________________________________________

_________________________________________

_________________________________________

# Consultation vétérinaire

Date : _________________ Âge : _____ Visite N°____

Type de la visite  ☐ Urgence  ☐ Routine

| Raison de la visite |
| --- |
| |

Niveau de stress de mon chat : _____ /10

Nom du vétérinaire : _________________

Prescription d'un traitement :  ☐ Oui  ☐ Non

| (Si oui) description du traitement |
| --- |

_______________________________

_______________________________

_______________________________

Durée du traitement : _____ j  Du ____ / ____ au ____ /

| Conseil(s) vétérinaire |
| --- |
| |

Notes complémentaires : _________________

_______________________________

_______________________________

_______________________________

# Consultation vétérinaire

Date : _________________ Âge : _____ Visite N°____

Type de la visite  ☐ Urgence  ☐ Routine

### Raison de la visite

Niveau de stress de mon chat : _____ /10

Nom du vétérinaire : _________________________

Prescription d'un traitement :  ☐ Oui  ☐ Non

(Si oui) description du traitement

_______________________________________

_______________________________________

_______________________________________

Durée du traitement : _____ j Du ____ / ____ au ____ /

### Conseil(s) vétérinaire

Notes complémentaires : _________________________

_______________________________________

_______________________________________

_______________________________________

# Consultation vétérinaire

Date : _________________________  Âge : ______  Visite N°____

Type de la visite    ☐ Urgence    ☐ Routine

### Raison de la visite

Niveau de stress de mon chat : ______ /10

Nom du vétérinaire : _________________________

Prescription d'un traitement :  ☐ Oui    ☐ Non

(Si oui) description du traitement

_______________________________________________

_______________________________________________

_______________________________________________

Durée du traitement :    ____ j | Du ______ / ______ au ______ /

### Conseil(s) vétérinaire

Notes complémentaires : _________________________

_______________________________________________

_______________________________________________

_______________________________________________

# Consultation vétérinaire

Date : _________________________ Âge : ______ Visite N°____

Type de la visite    ☐ Urgence    ☐ Routine

Raison de la visite

Niveau de stress de mon chat : _____ /10

Nom du vétérinaire : _________________________

Prescription d'un traitement : ☐ Oui    ☐ Non

(Si oui) description du traitement

_________________________________________________

_________________________________________________

_________________________________________________

Durée du traitement : ______ j   Du ____ / ____ au ____ / ____

Conseil(s) vétérinaire

Notes complémentaires : _________________________

_________________________________________________

_________________________________________________

_________________________________________________

# Consultation vétérinaire

Date : _________________ Âge : ______ Visite N°____

Type de la visite ☐ Urgence ☐ Routine

Raison de la visite

Niveau de stress de mon chat : _____ /10

Nom du vétérinaire : _________________________

Prescription d'un traitement : ☐ Oui ☐ Non

(Si oui) description du traitement

_______________________________________

_______________________________________

_______________________________________

Durée du traitement : ____ j | Du ___ / ___ au ___ / ___

Conseil(s) vétérinaire

Notes complémentaires : _________________________

_______________________________________

_______________________________________

_______________________________________

# Consultation vétérinaire

Date : _________________  Âge : _____  Visite N°____

Type de la visite     ☐ Urgence     ☐ Routine

### Raison de la visite

Niveau de stress de mon chat : _____ /10

Nom du vétérinaire : _________________________

Prescription d'un traitement :  ☐ Oui     ☐ Non

| (Si oui) description du traitement |
|---|

_______________________________________

_______________________________________

_______________________________________

Durée du traitement : _____ j  Du ___ / ___ au ___ / ___

### Conseil(s) vétérinaire

Notes complémentaires : _________________________

_______________________________________

_______________________________________

_______________________________________

# Consultation vétérinaire

Date : _________________ Âge : _____ Visite N°____

Type de la visite    ☐ Urgence    ☐ Routine

### Raison de la visite

Niveau de stress de mon chat : _____ /10

Nom du vétérinaire : _______________________

Prescription d'un traitement :  ☐ Oui    ☐ Non

> (Si oui) description du traitement

_________________________________________

_________________________________________

_________________________________________

| Durée du traitement :        j | Du ____ / ____ au ____ / |

### Conseil(s) vétérinaire

Notes complémentaires : _____________________

_________________________________________

_________________________________________

_________________________________________

# Consultation vétérinaire

Date : _______________ Âge : _______ Visite N°_____

Type de la visite  ☐ Urgence  ☐ Routine

Raison de la visite

Niveau de stress de mon chat : _______ /10

Nom du vétérinaire : _______________________

Prescription d'un traitement :  ☐ Oui  ☐ Non

(Si oui) description du traitement

_______________________________________

_______________________________________

_______________________________________

Durée du traitement : _____ j  Du_____ / _____ au _____ /

Conseil(s) vétérinaire

Notes complémentaires :_______________________

_______________________________________

_______________________________________

_______________________________________

# Consultation vétérinaire

Date : _______________________   Âge : ______   Visite N°____

Type de la visite   ☐ Urgence   ☐ Routine

Raison de la visite

Niveau de stress de mon chat : _____ /10

Nom du vétérinaire : _______________________

Prescription d'un traitement :  ☐ Oui   ☐ Non

(Si oui) description du traitement

_______________________________________________

_______________________________________________

_______________________________________________

Durée du traitement : _____ j  Du ____ / ____ au ____ / ____

Conseil(s) vétérinaire

Notes complémentaires : _______________________

_______________________________________________

_______________________________________________

_______________________________________________

# Consultation vétérinaire

Date : _________________ Âge : _____ Visite N° ____

Type de la visite  ☐ Urgence  ☐ Routine

### Raison de la visite

Niveau de stress de mon chat : _____ /10

Nom du vétérinaire : _________________________

Prescription d'un traitement :  ☐ Oui  ☐ Non

(Si oui) description du traitement

_________________________________

_________________________________

_________________________________

Durée du traitement : _____ j  Du ____ / ____ au ____ /

### Conseil(s) vétérinaire

Notes complémentaires : _________________________

_________________________________

_________________________________

_________________________________

# Consultation vétérinaire

Date : _______________________  Âge : ______  Visite N°____

Type de la visite      ☐ Urgence      ☐ Routine

Raison de la visite

Niveau de stress de mon chat : ______ /10

Nom du vétérinaire : _______________________

Prescription d'un traitement :  ☐ Oui    ☐ Non

(Si oui) description du traitement

_______________________

_______________________

_______________________

Durée du traitement :    j  Du ____ / ____ au ____ /

Conseil(s) vétérinaire

Notes complémentaires : _______________________

_______________________

_______________________

_______________________

# Consultation vétérinaire

Date : _________________  Âge : ______  Visite N°____

Type de la visite     ☐ Urgence     ☐ Routine

### Raison de la visite

Niveau de stress de mon chat : ______ /10

Nom du vétérinaire : _______________________________

Prescription d'un traitement :  ☐ Oui     ☐ Non

(Si oui) description du traitement

_______________________________________________

_______________________________________________

_______________________________________________

Durée du traitement :        j  Du ____ / ____ au ____ / ____

### Conseil(s) vétérinaire

Notes complémentaires : _______________________

_______________________________________________

_______________________________________________

_______________________________________________

# Consultation vétérinaire

Date : _______________________  Âge : ______  Visite N°____

Type de la visite     ☐ Urgence     ☐ Routine

Raison de la visite

Niveau de stress de mon chat : _____ /10

Nom du vétérinaire : _______________________

Prescription d'un traitement :  ☐ Oui    ☐ Non

(Si oui) description du traitement

_______________________________________

_______________________________________

_______________________________________

| Durée du traitement :          j | Du_____ / _____ au _____ / _____ |

Conseil(s) vétérinaire

Notes complémentaires : _______________________

_______________________________________

_______________________________________

_______________________________________